Der Besuch im Carcer

Ernst Eckstein

Alpha Editions

This edition published in 2022

ISBN : 9789356903111

Design and Setting By
Alpha Editions
www.alphaedis.com
Email - info@alphaedis.com

Vorwort
zur siebenundvierzigsten Auflage.

Mit der hier vorliegenden siebenundvierzigsten Auflage geht die Humoreske »Der Besuch im Carcer« in den Verlag von Fr. Thiel zu Leipzig über. Der Herr Verleger hat dem Verfasser den Wunsch ausgedrückt, diese Auflage – als die erste, die unter der neuen Flagge erscheint – mit einem Vorwort ausgestattet zu sehn. Ich entspreche diesem Wunsch mit dem lebhaftesten Vergnügen, obgleich ich Nichts Besonderes zu sagen habe. Daß der »Besuch im Carcer« bei Weitem der größte buchhändlerische Erfolg unseres Decenniums ist, rechnen wir uns nicht zum Verdienste. Gewiß hätten andere, wenn auch minder kurzweilige Humoresken deutscher Autoren mehr Anspruch auf diese Auszeichnung. Indessen das Glück ist blind, und so hat es denn einen Scherz gekrönt, der an die ästhetischen Vorzüge zahlloser ungekrönter nicht von ferne heranreicht. Ich selber hätte mir diese Gunst des Schicksals am wenigsten träumen lassen. Als ich in meiner stillen, traulichen Stube zu Rom, im Angesichte des Pantheons, die Gestalt Samuel Heinzerling's aus dem Dunkel beschwor, da ahnte ich nicht, wie rasch dieser würdige Mann die Rundreise um die bewohnte Erde zurücklegen sollte. Ich überließ mich dem vollen Behagen an seiner Erscheinung. Ich ergötzte mich königlich, aber ich hielt meine Freude für subjektiv. Ich gestaltete ohne jeden Hinblick auf's Publikum. Ich war mein dankbarster und eifrigster Leser. Schon diese Genesis überhebt mich der Mühe, auf die zahlreichen Anfeindungen beschränkter Seelen, insbesondere verunglückter Schulmeister zu antworten, die den Streich »Wälhelm Rompf's« minder angenehm auffassen als unser trefflicher Samuel. Ich habe den »Besuch im Carcer« geschrieben, weil das Ding mir Vergnügen machte – nicht aus diesem oder jenem abseits gelegenen »Motiv«. Das freilich kann ein trübseliger Pedant, dem die spontane Wirksamkeit einer fröhlichen Laune unbekannt ist, mit all seiner Gelehrsamkeit nicht begreifen. Mögen die Herren ungenirt fortfahren, ihrem Aerger in der gewohnten »pädagogischen« Weise Luft zu machen! Unsere siebenundvierzigste Auflage wird deßhalb ebenso wenig ins Wasser fallen, wie die bisherigen.

Elgersburg, im Herbst 1880.

E. E.

Der Besuch im Carcer.

Humoreske.

Es schlug Zwei. Der Direktor des städtischen Gymnasiums, Dr. Samuel Heinzerling, wandelte mit der ihm eignen Würde in den Schulhof und erklomm langsam die Stiege.

Auf der Treppe begegnete ihm der Pedell, der eben geläutet hatte und sich nun in seine Privatgemächer verfügen wollte, wo es allerlei häusliche Arbeiten zu erledigen gab.

»Äst nächts vorgefallen, Quaddler?« fragte der Direktor, – den devoten Gruß des Vasallen durch ein souveränes Kopfnicken erwidernd.

»Nein, Herr Direktor.«

»Hat der Herr Bibläothäkar noch nächt öber die bewußten Bände resolvärt?«

»Nein, Herr Direktor.«

»Goot, so gähen Sä noch heute hinöber und erkondigen Sä säch, wä säch diese Angelägenheit verhält … Noch Eins. Der Prämaner Rompf fehlt seit einigen Tagen. Verfögen Sä säch doch einmal in seine Wohnung und öberzeugen Sä säch, ob er wärklich krank ist! Ich zweifle fast …«

»Entschuldigen Sie, Herr Direktor, der Rumpf ist wieder da; ich sah ihn vorhin über den Hof kommen.«

»Non, om so bässer!«

»Non, om so bässer!«

Der geneigte Leser verzeihe die eigenthümliche Orthographie, mit der wir die geflügelten Worte des Gymnasialherrschers zu Papier bringen. Herr Dr. Samuel Heinzerling sprach allerdings nicht ganz so abnorm, als unsre Schreibweise vermuthen lassen könnte: allein das deutsche Lautsystem gibt uns kein Mittel an die Hand, die specifisch Heinzerling'sche Klangfarbe genauer zu versinnlichen. Ich, der bescheidene Erzähler, habe selber hundertmal den Vorträgen des Herrn Direktors in stummer Andacht gelauscht und den Heinzerling'schen Vokalismus so zu sagen zu meinem Lieblingsstudium erhoben. So lange unser armseliges Alphabet nicht eigene Zeichen für Zwitterlaute zwischen i und e, zwischen u und o u. s. w. besitzt, so lange wird der Historiograph, der sich mit Herrn Dr. Samuel Heinzerling beschäftigt, die von uns vorgeschlagene Rechtschreibung adoptiren müssen.

Der Herr Direktor sagte also: »Non, om so bässer!« und schritt über den langen Corridor den Pforten seiner Prima zu.

Samuel war heute ungewöhnlich frühe gekommen. In der Regel hielt er an der Theorie des akademischen Viertels fest. Dießmal hatte ihn ein häuslicher Zwist, über den wir aus begreiflicher Delikatesse den Schleier der Verschwiegenheit breiten, schon vor der Zeit aus dem behaglichen Sorgenstuhle getrieben, in welchem er seinen nachmittäglichen Kaffee zu schlürfen pflegte. Nur so erklärt es sich, daß die Primaner noch nicht daran gedacht hatten, nach Art der Gemsen ihre übliche Wache auszustellen.

Der Herr Direktor vernahm bereits auf dem Corridor einen Heidenlärm. Vierzig dröhnende Kehlen schrieen »Bravo!« und »Da Capo!«

Samuel runzelte die Stirne.

Jetzt verstummte das Chorgebrüll und eine klare, schneidige Stimme begann in komischem Pathos:

»Non, wär wollen's för dießmal goot sein lassen. Sä haben säch wäder einmal nächt gehärig vorbereitet, Heppenheimer! Äch bän sähr onzofräden mät Ähnen! Sätzen Sä säch!«

Donnernder Applaus.

Der Direktor stand wie versteinert.

Bei den Göttern Griechenlands, – das war *er selbst*, wie er leibte und lebte ...! Ein wenig carrikirt, – aber doch so täuschend ähnlich, daß nur ein Kenner den Unterschied herauszufühlen vermochte! Eine solche Blasphemie war denn doch, – dem Sprüchwort zum Trotze, – noch nicht dagewesen! Ein Schüler erfrechte sich, ihn, den souveränen Beherrscher aller Gymnasialangelegenheiten, ihn, den Verfasser der »Lateinischen Grammatik für den Schulgebrauch, mit besonderer Rücksicht auf die oberen Classen«, ihn, den renommirten Pädagogen, Aesthetiker und Kantianer, von der geweihten Höhe seines eigenen Katheders aus lächerlich zu machen! Proh pudor! Honos sit auribus! Das war ein Streich, wie er nur in der Seele des Erz-Spitzbuben Wilhelm Rumpf zur Reife gelangen konnte!

»Wollen Sä einmal etwas nähmen, Möricke«, fuhr die Stimme des pflichtvergessenen Schülers fort ... »Was, Sä sänd onwohl? Gott, wenn mär jonge Leute in Ährem Alter sagen, sä sänd onwohl, so macht das einen sähr öblen Eindruck. Knebel, schreiben Sä einmal än's Tageboch: »Möricke, zom Öbersätzen aufgefordert, war onwohl« ...«

Jetzt vermochte der Direktor seine Entrüstung nicht länger zu bemeistern.

Mit einem energischen Ruck öffnete er die Thüre, und trat unter die erschrockenen Zöglinge, wie der Leu unter die Gazellenheerde.

Er hatte sich nicht getäuscht.

»Knebel, schreiben Sä einmal än's Tageboch: Möricke, zom Öbersätzen aufgefordert, war onwohl.«

Es war in der That Wilhelm Rumpf, der größte Taugenichts der Classe, der sich so frevelhaft an der Majestät vergangen hatte. Erst seit vier Wochen zählte dieser Mensch zu Samuel Heinzerlings Schülern, und schon gebührte ihm vor allen Bengeln vom Primus bis zum Ultimus die Krone! Mit hochgezogenen Vatermördern, auf der Nase eine große papierene Brille, in der Linken ein Buch, in der Rechten das traditionelle Bleistiftchen haltend, – so stand er auf dem Katheder, und wollte eben eine neue Gotteslästerung ausstoßen, als der tiefbeleidigte Direktor auf der Schwelle erschien.

»Rompf!« sagte Samuel mit Fassung, – »Rompf! Sä gähen mär zwei Tage än den Carcer. Knebel, schreiben Sä einmal än's Tageboch: – Rompf, wegen kändischen, onwördigen Benähmens mät zwei Tagen Carcer bestraft. – Heppenheimer, rofen Sä den Pedellen!«

»Aber Herr Direktor ...!« stammelte Rumpf, indem er die Papierbrille in die Tasche steckte und auf seinen Platz zuschritt.

»Keine Wäderrede!«

»Aber ich wollte ja nur, ich dachte ...«

»Seien Sä ställ, sag' äch Ähnen!«

»Aber erlauben Sie gütigst ...«

»Knebel, schreiben Sä ein: – Rompf wägen wädersetzlichen Betragens mät einem weiteren Tage Carcer belegt. – Äch bän's möde, mich äwig mät Ähnen heromzoschlagen. Schämen sollten Sä säch in den Grond Ährer Sääle hänein! Pfoi und abermals pfoi!«

»Audiatur et altera pars, Herr Direktor. Haben Sie uns diese Lehre nicht stets an's Herz gelegt ...?«

»Goot! Sä sollen nächt sagen, daß ich meinen Präncäpien ontreu wärde. Was haben Sä zo Ährer Entscholdigong anzoföhren?«

»Ich kann nur versichern, Herr Direktor, daß ich durchaus nichts Unziemliches beabsichtigte. Ich gedachte mich lediglich ein wenig in der Mimik zu üben.«

»Öben Sä Ähren lateinischen Stäl und Ähre grächische Grammatäk!«

»Das thu' ich, Herr Direktor. Aber neben der Wissenschaft hat doch auch die Kunst ihre Berechtigung.«

»Das habe äch nä in meinem Läben geläugnet. Wollen Sä ätwa Ähre Albernheiten för Konst ausgeben? Jädenfalls äst däse Konst sähr brodlos.«

»O, bitte Herr Direktor!«

»Seien Sä ställ! Wenn Sä so fortfahren, so wärden Sä öber korz oder lang Schäffbroch leiden. Knipcke, seh'n Sä einmal nach, wo der Heppenheimer mit dem Pedellen bleibt.«

»Ach, für diesmal, Herr Direktor,« flüsterte Rumpf in schmeichlerischem Tone, – »für dießmal könnten Sie mir die Strafe noch erlassen.«

»Nächts da! Sä gäh'n än den Carcer. Doch wär wollen ons dorch däsen Zwäschenfall än onsrer Arbeit nächt stären lassen. Hutzler, repetären Sä einmal ...«

»Herr Direktor, ich war beim Vorübersetzen nicht zugegen. Hier ist mein Zeugniß.«

»So! Sä waren wäder einmal krank. Wässen Sä, Hutzler, Sä sänd auch öfter krank als gesond ...«

»Leider, Herr Direktor. Meine schwächliche Constitution ...«

»Schwächläch? Sä schwächläch? Non, hären Sä einmal, Hutzler, äch wollte, jäder Mänsch onter der Sonne wäre so schwächläch wä Sä! Faul sänd Sä, aber nächt schwächläch ...«

»Faul? Aber ich kann doch nicht während eines Fieberanfalls ...«

»Äch känne das! Sä wärden wäder einmal zo väl Bär getronken haben. Repetären Sä einmal, Gildemeister.«

»Fehlt!« riefen sechs Stimmen zugleich.

Samuel schüttelte mißmuthig das Haupt.

»Weiß Keiner, warom der Gildemeister fehlt?«

»Er hat Katarrh!« antwortete einer der sechse.

»Katarrh! Wä äch so alt war, hatte äch nämals Katarrh. Aber wo bleibt denn der Knipcke und der Heppenheimer? Schwarz, gehn Sä einmal hinaus, kommen Sä aber gleich wäder!«

Schwarz ging, und kam nach zehn Minuten mit dem Pedellen und den beiden Commilitonen zurück.

»Herr Quaddler war mit Tapeziren beschäftigt,« sagte Heppenheimer in achtungsvollem Tone; »er mußte sich erst ein wenig umkleiden.«

»So! und dazo brauchen Sä eine halbe Stonde? Quaddler, äch fände, Sä wärden nachlässig äm Dänste!«

»Sie entschuldigen ganz gehorsamst, Herr Direktor, aber die Herren sind erst vor zwei Minuten an meine Thüre gekommen.«

»Oh!« riefen die drei Primaner wie aus einem Munde.

»Non, äch wäll das nächt weiter ontersochen! Här, nähmen Sä einmal da den Rompf, ond föhren Sä ähn auf den Carcer. Rompf, Sä wärden säch anständig betragen und nächt alle Augenbläcke nach dem Pedellen rofen, wä das vor acht Tagen geschehn ist. Quaddler, Sä lassen säch durch nächts bestämmen, den Rompf auf die Vorflur zo lassen! Wenn ähm wäder schlächt wärd, so mag er das Fänster öffnen. Am Bästen ist's, Sä sätzen ähm alles Nöthige hinein in die Zälle, und lassen die Thöre ein för alle Mal verschlossen. Freitag Abend kömmt er wäder heronter.«

»Schön, Herr Direktor.«

»Das Ässen können Sä säch dorch einen Ährer Freunde besorgen lassen. Verstanden?«

Rumpf nickte.

»So! und non fort mät Ähnen!«

»Es ist also wirklich Ihr Ernst, Herr Direktor, mich für eine künstlerische Leistung …«

Samuel Heinzerling lachte mit männlich-pädagogischer Würde.

»Sä sänd ein drolliger Kauz, trotz aller Ährer Ongezogenheiten. Aber helfen kann äch Ähnen nächt. So lange Sä mär nächt darthun, was Ähre angäbliche könstlerische Leistung notzt und frommt, – ganz abgesehn von Ährer onziemlichen Tendenz, – so lange wärden Sä säch in's Onabänderliche fögen mössen. Machen Sä jetzt, daß Sä hänauf kommen!«

Wilhelm Rumpf biß die Lippen aufeinander, machte Kehrt, und verschwand mit Quaddler in der Dämmerung des Corridors.

»Was haben Sie eigentlich verbrochen, Herr Rumpf?« fragte der Pedell, als sie die Treppe hinanschritten.

»Nichts.«

»Aber verzeihen Sie gütigst, Sie müssen doch was gemacht haben?«

»Ich habe nur das gethan, was der Direktor beständig thut.«

»Wo so?«

»Nun, geben Sie einmal wohl Acht: Sähen Sä, mein läber Quaddler, der Rompf ist ein Taugenächts und verdänt eine exemplarische Zächtigong.«

»Herr Gott meines Lebens!« stammelte der Pedell, beide Hände über dem Kopf zusammenschlagend. »Nein, wer mir gesagt hätte, daß so etwas möglich sei … Aber das ist ja ordentlich graulich, Herr Rumpf! Weiß der ewige Himmel, wenn ich Sie nicht mit meinen eigenen Augen vor mir sähe, ich würde schwören, des gestrengen Herrn Direktors persönliche Stimme gehört zu haben! Tausend noch 'mal, das muß ich sagen! Sie können's noch weit bringen in der Welt! Wissen Sie, da war ich einmal drüben bei Lotz in der Bierstube, da war auch so ein Zauberkünstler, der machte Ihnen Alles nach, was Sie wollten, Vogelgezwitscher und Pferdewiehern, Hundegebell und Hochzeitspredigten. Aber so wie Sie hat er mich doch nicht aus Rand und Band gebracht!«

»Glaub's, glaub's, läber Quaddler!« versetzte Rumpf, immer noch den Direktor imitirend.

»Und das haben Sie in seiner Gegenwart aufgeführt? Nein, hören Sie einmal, Nichts für ungut, Herr Rumpf, aber Alles am rechten Ort. So was geziemt sich nicht, und der Herr Direktor haben alle Ursache, im höchsten Grade ungehalten zu sein.«

»Meinen Sä?«

»Ich muß Sie recht schön bitten, Ihr Spiel jetzt sein zu lassen. Es verträgt sich nicht mit dem Ernst meines Amtes. Wollen Sie gefälligst hier herein spazieren!«

»Mät Vergnögen ...!«

»Herr Rumpf, ich werde dem Herrn Direktor sagen, Sie hätten noch nicht genug an der Ihnen diktirten Strafe ...«

»Was gäht Sä meine Strafe an, Sä alter närrischer Quaddler!«

»Was mich Ihre Strafe angeht? Nichts! Aber es geht mich viel, sehr viel an, ob Sie fortfahren, den Herrn Direktor in respektwidriger Weise zu verspotten.«

»Ich kann machen, was ich will.«

»Das können Sie nicht.«

»Doch, Quaddler. Äch kann sprechen, wä mär's paßt, und wäm's nächt gefällt, der dröckt säch, oder hält säch die Ohren zo.«

»Nun, warten Sie!«

»Worauf?«

»Ich werde dem Herrn Direktor Bericht erstatten.«

»Sagen Sie einen schönen Gruß von mir.«

»Sie werden sich wundern.«

Quaddler drehte den Schlüssel um und tappte langsam die Treppe hinunter.

Im Saale der Prima ward inzwischen eifrig Sophokles interpretirt. Heppenheimer verdeutschte gerade zum größten Jubel der übermüthigen Sippe das Wehgeschrei des unglücklichen Philoktetes:

»Ai, Ai, Ai, Ai ...«

Der Direktor Samuel Heinzerling fiel ihm in die Rede.

»Sagen Sä »Au, Au, Au, Au«. Das »Ai« als Interjektion des Schmerzes äst sprachwädrig.«

»Ich dachte, »Au« sei bloß bei körperlichen Schmerzen gebräuchlich,« bemerkte Heppenheimer.

»Non, dänken Sä välleicht, Philoktet habe bloß geistig gelätten? Sä scheinen mär den Gang der Tragödie ohne sonderliche Aufmerksamkeit verfolgt zu haben.«

»Herr Direktor, es klopft!« sagte Knebel.

»Sähn Sä einmal nach, Knipcke!«

Knipcke eilte zu öffnen.

»Was? Sä, Quaddler? Warom stären Sä ons schon wäder? Fassen Sä säch korz!«

»Ich wollte mir gütigst erlauben, ergebenst zu vermerken, der Primaner Rumpf spricht noch immer so, wie von wegen weßhalb Sie ihn bestraft haben.«

»Was? Er sätzt die Comödie fort? Non, äch wärde die erforderlichen Maßregeln zu ergreifen wässen! Knebel, schreiben Sä einmal ein, – oder nein, lassen Sä's läber! Es äst goot, Quaddler. Heppenheimer, fahren Sä fort. Also: Au, au, au, au, nächt: Ai, ai, ai, ai. Das Folgende können Sä etwa mät: »Ach, ihr äwigen Götter!« oder mät: »Allmächtiger Hämmel!« wädergeben!«

Heppenheimer erledigte sein Pensum zu des Direktors leidlicher »Zofrädenheit«. Nach ihm übersetzte Schwarz »ongenögend«. Dann erscholl Quaddler's Klingel. Der Verfasser der Lateinischen Grammatik für den Schulgebrauch erklärte den Unterricht für geschlossen. In der Thüre erschien Doktor Klufenbrecher, der Mathematiklehrer, der die Prima von drei bis vier über die Geheimnisse der analytischen Geometrie zu unterhalten hatte. Samuel Heinzerling reichte dem »geschätzten Herrn Collegen« herablassend, aber nicht ohne ein gewisses humanes Wohlwollen, die grübchenreiche

Rechte und verfügte sich dann nach dem Direktorialzimmer, wo er sich nachdenklich auf seinem Amts- und Dienstsessel niederließ.

Quaddler ging inzwischen an's Werk, die freie Stunde gehörig auszunützen. Rüstig stülpte er den Pinsel in den Kleistertopf und bestrich eine Tapetenbreite nach der andern mit duftender Klebematerie.

Wilhelm Rumpf aber saß gähnend auf der Pritsche und versicherte im Selbstgespräch, er sei das Gymnasium mit seinen unmotivirten Freiheitsbeschränkungen bis über die Ohren müde.

Herr Samuel Heinzerling kraute sich jetzt in den Locken, rückte die große Brille mit den runden Gläsern zurecht und schüttelte zwei, drei, vier Mal das pädagogische Haupt.

»Ein mäserabler Jonge, dieser Rompf!« murmelte er vor sich hin ... »Aber äch glaube fast, auf dem Weg der Güte äst mähr bei ihm auszurichten, als mit Gewalt und Strenge. Äch wäll ähm einmal ärnst-nachdrocksamst in's Gewässen räden! Schade om ähn! Er gehört zo meinen begabtesten Schölern!«

Er klingelte.

Nach drei Minuten erschien Anny, Quaddlers sechzehnjährige Tochter. Sie war augenscheinlich im Begriff, einen Ausgang zu machen; dafür sprach das kokette Federhütchen, das sich anmuthig auf ihren dunklen Locken wiegte, und das bunte Shawltuch, das ihre vollen Schultern umfing.

»Sie befehlen, Herr Direktor?« fragte sie mit einer graziösen Verbeugung.

»Wo ist Ihr Vater?« flüsterte Samuel mit einer für seine Verhältnisse außerordentlich reinen Aussprache des »i«.

»Er kleistert. Haben Sie etwas zu besorgen, Herr Direktor?«

»So, er kleistert. Na, dann wäll äch ähn nächt stören in seiner Kleisterei. Es äst nächts Besondres, Anny. Der Carcerschlössel stäckt ja?«

»Ich werde einmal gleich fragen, Herr Direktor.«

Wie ein Reh eilte das Mädchen die Treppe hinunter. Nach wenigen Sekunden war sie wieder zur Stelle.

»Ja wohl, Herr Direktor, die Schlüssel stecken, sowohl der zur Vorflur wie der zur Zelle. Befehlen Sie sonst etwas?«

»Nein, äch danke.«

Anny verabschiedete sich. Lächelnd blickte Samuel ihr nach.

»Ein reizendes Kind!« murmelte er vor sich hin. »Ich gäbe väl darom, wenn meine Winfriede nur halb so väl savoir vävre besäße, – von Ismenen ganz zo geschweigen. Däser Quaddler äst ein paganus, ein homo incultus, und dessenohngeachtet verstäht er es, eine Charitin großzuzähen, während äch, der feingebäldete Kenner des classischen Alterthoms, äch, der homo, coi näl homani alienom äst, nächt äm Stande bän, eine meines Bäldongsgrades wördige Nachkommenschaft zo erzielen.«

Er strich sich einige Mal über das glattrasirte Kinn, nahm dann seinen Hut vom Tisch und klomm die Stiege zum Carcer hinan.

Wilhelm Rumpf war höchlich überrascht, als sich schon nach so kurzer Gefangenschaft die Thüre in den Angeln drehte. Sein Staunen erreichte jedoch den Zenithpunkt, als er in dem unerwarteten Besucher den Direktor Samuel Heinzerling erkannte.

»Non, Rompf?« sagte der ehrenfeste Pädagoge.

»Was wünschen Sie, Herr Direktor?« entgegnete der Schüler im Tone einer resoluten Verstocktheit.

»Äch wollte mäch einmal erkondigen, ob Sä in säch gehn, und einsähn, daß solche Puerilitäten der Aufgabe des Gymnasiums und dem in däsen Mauern herrschenden Geiste vollständig zowäder laufen …«

»Ich bin mir nicht bewußt …«

»Was, Rompf? Sä wollen säch noch auf die Hänterbeine stellen? Sehn Sä einmal, was wörden Sä wohl sagen, wenn Sä an meiner Stelle wären! Wörden Sä nächt däsen onartigen, öbermöthigen Wälhelm Rompf aus Gamsweiler noch ganz anders bei den Ohren nähmen? Hä?«

»Herr Direktor …«

»Das sänd doch Kändereien, wä man sä einem anständigen jongen Mann aus gooter Famälie nächt zotraut! Wässen Sä was? Beim nächsten dommen Streich wärde äch Sä relegären!«

»Relegiren …?«

»Ja, Rompf! Relegären! Drom gähn Sä än säch und lassen Sä dä Ongezogenheiten, die Ähnen wahrhaftig keine Ehre machen … Äch wäderhole Ähnen: sätzen Sä säch einmal an meine Stelle! …«

Wilhelm Rumpf ließ das Haupt nachdenklich auf die Brust sinken. Er fühlte, daß die angedrohte Relegation nur noch eine Frage der Zeit sei. Mit einem Male zuckte ein diabolischer Gedanke durch sein Gehirn.

»Wenn ich denn einmal fortgejagt werden soll«, sprach er zu sich selbst, »so mag es denn auch mit Eclat geschehen!«

Er lächelte wie der verbrecherische Held eines Sensationsromans nach gelungener Missethat zu lächeln pflegt und sagte im Tone einer beginnenden Zerknirschung:

»Sie meinen, Herr Direktor, ich solle mich an Ihre Stelle versetzen ...?«

»Ja, Rompf, das meine äch.«

»Gut, wenn Sie's denn nicht anders haben wollen, so wünsche ich viel Vergnügen!«

Und damit sprang er zur Thüre hinaus, drehte den Schlüssel um und überließ den armen Direktor seinem unverhofften Schicksale.

»Rompf! Es geschäht ein Onglöck! Ein Onglöck, sage äch! Öffnen Sä! Äch befähle es Ähnen!«

»Rompf! Was fällt Ähnen ein! Äch relegäre Sä noch heute! Wollen Sä augenbläckläch öffnen! Augenbläckläch, sage äch!«

»Äch gäbe Ähnen härmät zwei Stonden Carcer,« antwortete Rumpf mit Würde. »Sä haben sälbst gesagt, ich solle mäch an Ähre Stelle versätzen.«

»Rompf! Es geschäht ein Onglöck! Ein Onglöck, sage äch! Öffnen Sä! Äch befähle es Ähnen!«

»Sä haben nächts mähr zo befählen! Äch bän gägenwärtig där Därektor! Sä sänd der Prämaner Rompf! Seien Sä ställ! Äch dolde keine Wäderräde!«

»Läber Rompf! Äch wäll's Ähnen för däsmal noch verzeihen. Bitte, machen Sä höbsch auf. Sä sollen mät einer gelinden Strafe dorchkommen. Sä sollen nächt relegärt werden. Äch verspreche es Ähnen! Hären Sä?«

Der »läbe Rompf« hörte nicht. Er hatte sich leise über den Vorflur geschlichen und eilte jetzt die Treppe hinab, um siegreich zu entweichen.

Als er an der Thüre des Pedellen vorüberkam, packte ihn eine prickelnde Idee.

Er legte das Auge an's Schlüsselloch. Quaddler stand just auf der Leiter, den Rücken nach der Pforte gekehrt, und mühte sich, einen schwer bekleisterten Tapetenstreifen an die Wand zu kleben. Wilhelm Rumpf klinkte ein wenig auf und rief mit dem schönsten Heinzerling'schen Accent, der ihm zu Gebote stand, in's Zimmer:

»Äch gehe jetzt, Quaddler. Beobachten Sä mär den Rompf. Der Mänsch beträgt säch wä onsännäg. Er erfrächt säch noch ämmer, seine ämpärtänenten Spälereien zo treiben. Bleiben Sä jetzt nor rohig auf Ährer Leiter. Äch wollte Ähnen nor noch sagen, daß Sä ähm onter keiner Bedängong öffnen! Der Borsche wäre äm Stande, Sä öber den Haufen zo rännen und – mär-nächts-där-nächts – dorchzogehn! Hären Sä, Quaddler?«

»Wie Sie befehlen, Herr Direktor. Entschuldigen Sie nur gütigst, daß ich hier oben …«

»Sä sollen rohig bleiben, wo Sä sänd, ond Ähre Kleisterei erst fertig machen. Adiö!«

»Ganz gehorsamster Diener, Herr Direktor.«

Wilhelm Rumpf stieg nunmehr die Treppe wieder hinan und betrat die Regionen des Carcers.

Samuel Heinzerling tobte fürchterlich. Jetzt schien er auch die Klingel zu entdecken, denn in demselben Augenblicke, da Rumpf sich hinter einem gewaltigen Kleiderschranke der Pedellenfamilie barg, erscholl ein wüthendes Geläute, gell und schrill, wie das Kreischen empörter Wald- und Wasserteufel.

»Zo Hölfe!« stöhnte der Schulmann, – »zo Hölfe! Quaddler, äch bränge Sä von Amt ond Brod, wänn Sä nächt augenbläckläch heraufkommen! Zo Hölfe! Foier! Foier! Mord! Gewaltthat! Zo Hölfe!«

Der Pedell, durch das unausgesetzte Geklingel an seinen Beruf gemahnt, verließ seine Privatbeschäftigung und erschien auf der Vorflur des

Gefängnisses. Der heimtückische Primaner schmiegte sich fester in sein Versteck. Samuel Heinzerling hatte sich erschöpft auf die Pritsche gesetzt. Sein Busen keuchte; seine Nasenflügel arbeiteten im Tempo eines rüstigen Blasebalgs.

»Herr Rumpf,« sagte Quaddler, indem er wie warnend wider die Thüre der Zelle pochte, »es wird Alles notirt!«

»Gott sei Dank, Quaddler, daß Sä da sänd! Öffnen Sä mär! Däser mäserable Kärl sperrt mäch här ein … Es äst hämmelschreiend!«

»Ich sage Ihnen, Herr Rumpf, die Späße werden Ihnen schlecht bekommen! Und daß Sie den Herrn Direktor einen miserablen Kerl nennen, das werd' ich mir besonders vermerken!«

»Aber Quaddler, sänd Sä denn verröckt?« eiferte Samuel im Tone der höchsten Entrüstung. »Zom Henker, äch sage Ähnen ja, daß der Rompf, der elende Gesälle, mäch här eingespärrt hat, als äch ähn besochen und ähm äns Gewässen räden wollte! Machen Sä jätzt keine Omstände. Öffnen Sä!«

»Sie müssen mich für sehr dumm halten, Herr Rumpf. Der Herr Direktor hat eben noch mit mir gesprochen und mir strengstens anbefohlen, Sie unter keiner Bedingung herauszulassen. Und nun betragen Sie sich anständig, und lassen Sie das Klingeln, sonst häng' ich die Schelle ab.«

»Quaddler, äch bränge Sä äns Zochthaus wägen wäderrechtlicher Freiheitsberaubong.«

»Hören Sie einmal, wissen Sie, wenn ich mir eine Bemerkung erlauben darf, so ist das ewige Nachahmen des Herrn Direktors recht kindisch, nehmen Sie mir's nicht übel. Es ist wahr, der Herr Direktor sprechen ein wenig durch die Nase, aber so ein dummes Geklöne, wie Sie's da zusammenquatschen, so machen's der Herr Direktor noch lange nicht. Und nun sag' ich Ihnen zum letzten Mal, verhalten Sie sich ruhig und benehmen Sie sich, wie es sich geziemt …«

»Aber äch wäderhole Ähnen auf Ähre ond Sälägkeit, der schändläche, näderträchtäge Borsche hat den Schlössel hänter mär heromgedreht, ähe äch noch woßte, was er vorhatte! Quaddler! Mänsch! Äsel! Sä mössen mäch doch erkännen! Thun Sä doch Ähre Ohren auf!«

»Ein so dummes Geklöne, wie Sie's da zusammenquatschen, so machen's der Herr Direktor noch lange nicht.«

»Was? Esel nennen Sie mich? Mensch nennen Sie mich? Ei, wissen Sie was, da fragt sich's doch noch sehr, wer von uns beiden der größte Mensch und der größte Esel ist. So was lebt nicht. Nennt so ein grüner Junge einen alten ehrlichen Mann einen Esel! Selbst Esel! … Verstehen Sie mich? Aber warten Sie nur!«

»Ein Äsel sänd Sä ond ein Ochse dazo!« stöhnte Heinzerling verzweifelnd. »Sä wollen also nächt öffnen?«

»Ich denke nicht daran.«

»Goot! Sehr goot!« ächzte der Schulmann mit verlöschender Stimme. »Sehr goot! Äch bleibe also im Carcer! Hären Sä, Quaddler? Äch bleibe äm Carcer!«

»Es soll mich freuen, wenn Sie zur Vernunft kommen. Aber nun lassen Sie mich ungeschoren. Ich habe mehr zu thun, als Ihre Possen mit anzuhören!«

»Quaddler!« rief Samuel wieder heftiger. »Äch sitze rohig Stonde för Stonde ab! Verstähen Sä? Stonde för Stonde! Wä ein ongezogener Jonge erdolde äch däse empörende Schmach! Hären Sä, Quaddler?«

»Ich gehe jetzt. Arbeiten Sie was.«

»Heiliger Hämmel, mär schwändelt der Verstand! Bän äch denn wärkläch toll geworden! Mänsch, so gocken Sä doch wänägstens einmal dorch's Schlösselloch! Dann wärden Sä ja sähen …«

»Ja wohl, damit Sie mir in die Augen blasen, wie neulich! Das fehlte mir noch! …«

»Non denn, so gehn Sä zom Teufel. Mät der Dommheit kämpfen Götter sälbst vergäbens! Aber komm' äch Ähnen heraus! komm' äch Ähnen heraus! Äch gäb's Ähnen schräftläch: Sä sänd zom Längsten Pädäll gewäsen!«

Quaddler tappte ärgerlich die Stiege hinunter. Dieser Rumpf war wirklich ein Ausbund von Impertinenz! Esel hatte er ihn genannt: Donner und Doria! Seit Frau Kathinka Quaddler das Zeitliche gesegnet, war dergleichen nicht vorgekommen …!

Ja, ja, die Herren Primaner!

Samuel Heinzerling maß inzwischen mit großen Schritten die Zelle. Seine ganze Erscheinung gemahnte an den afrikanischen Löwen, den menschliche Gewinnsucht in den Käfig gebannt, ohne die stolze, urwüchsige Kraft seiner edlen Natur brechen zu können. Die Hände auf dem Rücken, das Haupt mit der grauen Mähne wehmüthig auf die rechte Schulter geneigt, die Lippen fest aufeinander gepreßt, – so wandelte er auf und nieder, auf und nieder, – die düstersten, menschenfeindlichsten Gedanken im Gemüthe wälzend.

Plötzlich spielte ein breites Vollmondslächeln über seine Züge.

»Es äst ond bleibt doch komäsch!« murmelte er vor sich hin. »Wahrhaftig! Wenn äch nächt so onmättelbar bei der Geschächte betheiligt wäre, äch könnte sä amösant fänden …«

Er blieb stehen …

»Gereicht mär däse Öberlistung eigentlich zur Schande? Pröfe Däch, Samoël! Hat nächt ein bekannter Könäg dem Diebe, der ihm eine Uhr stehlen wollte, eigenhändig dä Leiter gehalten? Äst nächt selbst Först Bäsmarck von boshafter Hand ränkevoller Weise eingerägelt worden? Hondert andrer Fälle nächt zo gedänken! Ond doch begägnet dä Wältgeschächte besagtem König mät Hochachtong. Ond doch gilt Först Bäsmarck nach wä vor för den bedeutendsten Däplomaten Europa's! Nein, nein, Samoël! Deine Wörde als Scholmann, als Börger, als gebäldeter Denker leidet nächt äm Gerängsten onter däser peinlichen Sätoation! Berohige Däch, Samoël ...«

Er setzte seine Promenade in befriedigter Stimmung fort. Bald aber unterbrach er sich von Neuem.

»Aber meine Prämaner!« stammelte er erbleichend. »Wenn meine Prämaner erfahren, daß äch auf dem Carcer gesässen habe! Onerträglächer Gedanke! Meine Autorität wäre ein för alle Mal dahän! Ond sä *wärden* es erfahren! Sä *mössen* es erfahren! Äch bän ein för alle Mal däscredätärt! O ähr Götter, warom habt ähr mär das gethan!«

»Herr Direktor«, flüsterte jetzt eine wohlbekannte Stimme an der Zellenthüre ... »Sie sind noch lange nicht discreditirt! Ihre Autorität steht noch in vollem Flore ...«

»Rompf!« stammelte Samuel – »Schändlicher, gottvergeßner Mänsch! Öffnen Sä! Augenbläckläch! Betrachten Sä säch als moralisch geohrfeigt! Sähen Sä säch för dreifach relegärt an!«

»Herr Direktor, ich komme, um Sie zu retten! Beleidigen Sie mich nicht!«

»Zo rätten? Welche Onverschämtheit! Aufmachen sollen Sä, oder ...«

»Wollen Sie mich ruhig anhören, Herr Direktor? Ich versichere Sie, Alles wird sich ausgleichen.«

Samuel überlegte.

»Goot,« sagte er endlich. »Äch wäll mäch herablassen ... Räden Sä ...«

»Sehen Sie, ich wollte Ihnen nur zeigen, daß meine Kunst doch nicht so ganz ohne praktische Bedeutung ist ... Verzeihen Sie, wenn ich dabei scheinbar die vorzügliche Hochachtung und Verehrung verletzen mußte, die ich Ihnen aus vollstem Herzen zu zollen mir freudig bewußt bin.«

»Sä sänd ein Schelm, Rompf!«

»Geben Sie mir Ihr väterliches Wort, Herr Direktor!«

»Herr Direktor ... Wie wär's, wenn Sie mir die Carcerstrafe erließen, die Drohung betreffs der Relegation zurücknähmen und mir erlaubten, über alles Vorgefallne das strengste Stillschweigen zu beobachten ...?«

»Das gäht nächt! ... Ähre Strafe mössen Sä absitzen ...«

»So? Na, dann leben Sie wohl, Herr Direktor. Klingeln Sie nicht zu viel!«

»Rompf! Hären Sä doch! Äch wäll Ähnen was sagen ... Rompf!«

»Bitte ...!«

»Sä sänd in välen Bezähungen ein ongewöhnlicher Mänsch, Rompf ... ond da wäll äch einmal eine Ausnahme machen ... Öffnen Sä nor!«

»Erlassen Sie mir die Carcerstrafe?«

»Ja.«

»Werden Sie mich relegiren?«

»Nein, än Teufels Namen.«

»Geben Sie mir Ihr väterliches Wort, Herr Direktor!«

»Rompf, was onterstähn Sä säch ...«

»Ihr väterliches Wort, Herr Direktor!«

»Goot! Sä haben's!«

»Jupiter Ultor ist Zeuge.«

»Was?«

»Ich rufe die Götter zu Zeugen an.«

»Machen Sä auf!«

»Gleich, Herr Direktor. Sie tragen mir's aber auch ganz gewiß nicht nach?«

»Nein, nein, nein! Wärden Sä mäch non bald herauslassen?«

»Sie ertheilen mir volle Absolution?«

»Ja, onter der Bedängong, daß Sä Nämandem erzählen, wä schwär Sä säch vergangen haben. Äch habe Ähnen ja gesagt, äch halte Sä för einen ongewöhnlächen Mänschen, Rompf ...«

»Ich danke Ihnen für die gute Meinung. Mein Ehrenwort: so lange Sie Direktor des städtischen Gymnasiums und Ordinarius der Prima sein werden, soll keine verrätherische Silbe über meine Lippen gleiten!«

Und damit drehte er den Schlüssel um und öffnete ...

Wie der Uhland'sche König aus dem Thurme, so stieg Samuel Heinzerling an die freie Himmelsluft. Tief holte er Athem. Dann strich er sich mit der Rechten über die Stirne, als ob er sich besinne ...

»Rompf,« sagte er, »äch verstähe Spaß ... Aber ... nächt wahr, Sä thun mär den Gefallen, mäch nächt wäder mimisch zu copären? Sä ... Sä machen dä Geschächte zo ähnläch!«

»Ihr Wunsch ist mir Befehl!«

»Goot! Ond non machen Sä, daß Sä hinonter kommen. Es äst noch nächt drei Värtel. Sä können noch am Onterrächt Theil nehmen!«

»Aber würde man nicht stutzen, Herr Direktor? Jedermann weiß, daß Sie mir drei Tage Carcer dictirt haben …!«

»Goot! Äch gähe mät Ähnen.«

So eilten sie selbander die Treppe hinab.

»Quaddler!« rief der Direktor in's Erdgeschoß.

Der Pedell erschien an der untersten Windung und fragte dienstbeflissen, was der Gebieter zu verlangen geruhe.

»Äch habe dem Rompf aus verschädnen Grönden die drei Tage geschänkt,« sagte Samuel.

»Ah …! Drum sind der Herr Direktor noch einmal zurückgekommen … Hm … Ja, aber was ich sagen wollte, der Herr Rumpf war gar nicht ruhig in seiner Zelle. Nichts für ungut, Herr Direktor, aber er hat geschimpft, wie ein Rohrspatz …«

Sie wandelten über den Corridor dem Schulsaale zu.

»Lassen Sä's goot sein, Quaddler. Äch wäll däßmal aus ganz besondren Motäven Gnade för Recht ergehen lassen. Sä können den Carcerschlössel abzähen!«

Quaddler schüttelte befremdet das Haupt.

»So!« sagte Samuel. »Ond non kommen Sä mät nach der Präma, Rompf!«

Sie wandelten über den Corridor dem Schulsaale zu. Der Direktor klopfte.

»Entscholdigen Sä, Herr College,« flüsterte er eintretend im weichsten Moll, dessen sein würdevolles Organ fähig war ... »äch bringe da den Rompf wäder! Knebel ... Sä erlauben doch, läber Herr Klufenbrecher ...? Knebel! Schreiben Sä äns Tageboch: Man sah säch bewogen, dem Rompf in Anbetracht seines aufrächtäg reuigen Benähmens die in der vorigen Stonde däktärte Carcerstrafe zo erlassen ... So! Ond non wäll äch nächt weiter stären, verehrter Herr College ... Haben Säs, Knebel? ... däktärte Carcerstrafe zo erlassen ...«

»Wollen Sie nicht Platz nehmen, Herr Direktor?« fragte der höfliche Mathematiker.

»Äch danke verbändlichst, äch habe för heute genog gesässen ... Rompf, äch erwarte, daß Sä das Gelöbniß der Bässerung in jäder Hänsächt erföllen. Adieu, Herr College.«

Sprach's und verschwand in den labyrinthischen Gängen des Schulgebäudes. – – – – –

– – Wilhelm Rumpf hielt sein Versprechen auf's Gewissenhafteste.

Er copirte von jetzt ab nur noch die übrigen Lehrer: Samuel Heinzerling's geweihte Persönlichkeit war ihm heilig und unverletzlich.

Auch bewahrte er das unverbrüchlichste Stillschweigen, bis der Direktor im Herbste desselbigen Jahres auf wiederholtes Ansuchen in den Ruhestand versetzt wurde.

Erst dann erfuhr die jauchzende Prima den Hergang jener unerwarteten Versöhnung.

Rumpf's »aufrächtäge Reue« war für die lachlustige Bevölkerung des Städtchens eine Quelle unendlicher Heiterkeit. Unter denen, die sich am meisten über die Farce amüsirten, befand sich der joviale Direktor Samuel Heinzerling, der treffliche Autor der lateinischen Schulgrammatik.

Möge es ihm vergönnt sein, noch recht oft beim schäumenden Glase zu erzählen, wie er den gottlosen Schelm »Wälhälm Rompf« auf dem Carcer besuchte … »Rompf« seinerseits wird jenes schöne Rencontre im Gebiete Quaddlers nie vergessen, und sollte er so alt werden wie Grillparzer.

---

9 789356 903111

Printed at Repro India Ltd.